el colegio - ishuri	2
el viaje - urugendo	5
el transporte - gutwara abantu n'ibintu	8
la ciudad - umugi	10
el paisaje - umurambi	14
el restaurante - resitora	17
el supermercado - amangazini manini	20
las bebidas - ibinyobwa	22
la comida - ibiribwa	23
la granja - ifamu	27
la casa - inzu	31
el living - icyumba cy'uruganiriro	33
la cocina - igikoni	35
el baño - ubwogero	38
el cuarto de los chicos - icyumba cy'abana	42
la ropa - imyambaro	44
la oficina - ibiro	49
la economía - ubukungu	51
las ocupaciones - imirimo	53
las herramientas - ibikoresho	56
los instrumentos musicales - ibyuma by'umuziki	57
el zoológico - zoo	59
los deportes - Imikino	62
las actividades - ibikorwa	63
la familia - umuryango	67
el cuerpo - umubiri	68
el hospital - ibitaro	72
la emergencia - mu ndembe	76
la Tierra - Isi	77
el reloj - isaha	79
la semana - icyumweru	80
el año - umwaka	81
las formas - amaforoma	83
colores - amabara	84
los opuestos - ibinyuranye	85
los números - imibare	88
los idiomas - indimi	90
quién / qué / cómo - nde / iki / gute	91
dónde - hehe	92

Impressum
Verlag: BABADADA GmbH, Nedderfeld 112 , 22529 Hamburg
Geschäftsführer / Verlagsleitung: Harald Hof
Druck: Books on Demand GmbH, In de Tarpen 42, 22848 Norderstedt

Imprint
Publisher: BABADADA GmbH, Nedderfeld 112 , 22529 Hamburg, Germany
Managing Director / Publishing direction: Harald Hof
Print: Books on Demand GmbH, In de Tarpen 42, 22848 Norderstedt

el colegio
ishuri

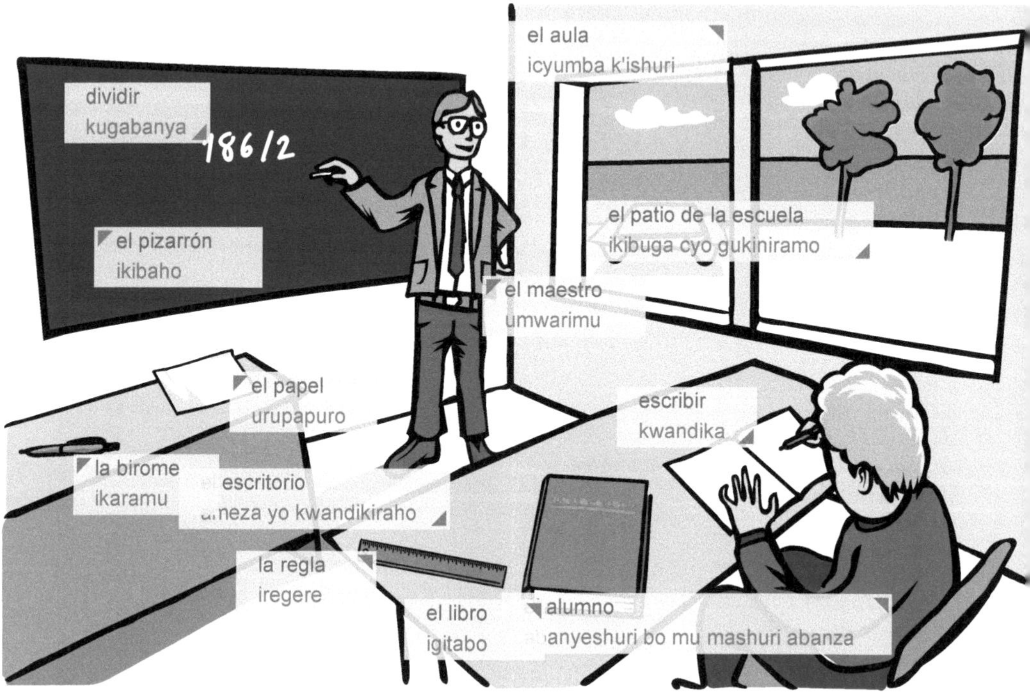

el aula
icyumba k'ishuri
dividir
kugabanya
186/2
el pizarrón
ikibaho
el patio de la escuela
ikibuga cyo gukiniramo
el maestro
umwarimu
el papel
urupapuro
escribir
kwandika
la birome
ikaramu
escritorio
neza yo kwandikiraho
la regla
iregere
el libro
igitabo
alumno
anyeshuri bo mu mashuri abanza

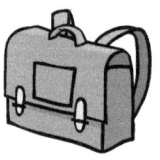

la mochila

agahago k'ishuri

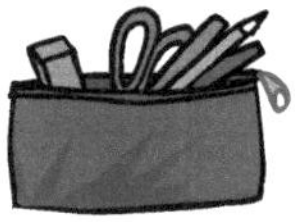

la caja de lápices

agasanduku k'amakaramu y'igiti

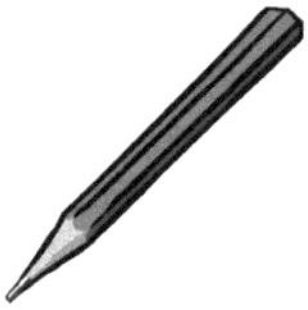

el lápiz

ikaramu y'igiti

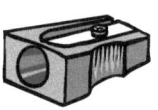

el sacapuntas

tayekereyo

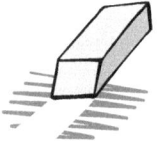

la goma (de borrar)

igome

el bloc de dibujo

ikayi yo gushushanya

el dibujo

igishushanyo

el pincel

uburoso bwo gusigisha

la caja de pinturas

agasanduku k'amarangi y'amabara

la tijera

umukasi

el pegamento

kore

el cuaderno de ejercicios

ikayi y'imyitozo

la tarea

umukoro w'imuhira

el número

umubare

sumar

guteranya

restar

gukuramo

multiplicar

gukuba

calcular

kubara

la letra

ibaruwa

el abecedario

inyuguti uko zikurikirana

la palabra

ijambo

el texto

umwandiko

leer

gusoma

la tiza

ingwa

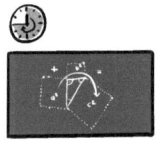

la lección

isomo

el cuaderno de clase

igitabo cyo
kwiyandikishamo

el examen

ikizami

el certificado

impamyabumenyi

el uniforme escolar

umwambaro w'ishuri

la educación

uburezi

la enciclopedia

inkoranyamagambo

la universidad

kaminuza

el microscopio

mikorosikope

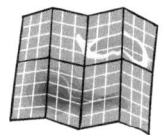

el mapa

ikarita

el tacho (de basura)

pubere

el viaje
urugendo

el hotel
hoteli
Grand
el hostel
inzu y'amacumbi
ROOMS
la casa de cambio
ku muvunjayi
la valija
ivarisi
el auto
imodoka

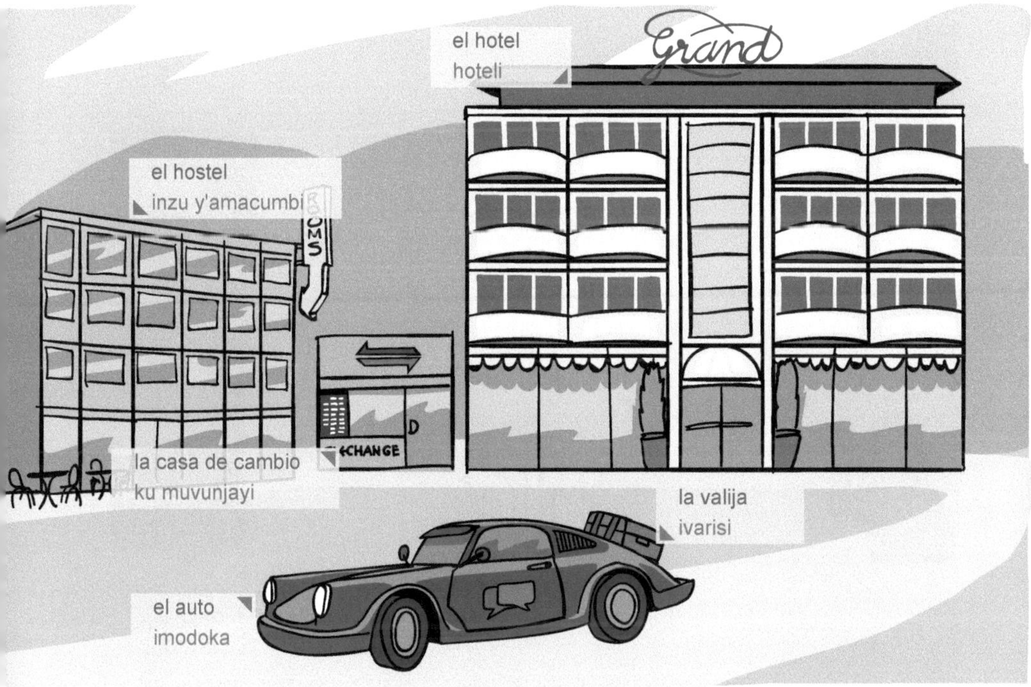

el idioma

ururimi

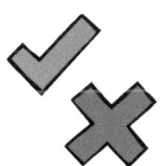

sí / no

yego / oya

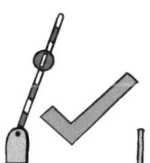

Está bien

Yego

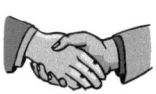

hola

bite

el traductor

umusemuzi

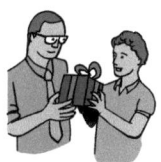

Gracias

Murakoze

¿cuánto cuesta...?

ni angahe...?

No entiendo

Sinsobanukiwe

el problema

ikibazo

¡Buenas tardes!

wiriwe!

¡Buenos días!

Waramutse

¡Buenas noches!

Ijoro ryiza

el adiós

bayi

la dirección

ikerekezo

el equipaje

imizigo

el bolso

igikapo

la mochila

igikapo baheka

el invitado

umushyitsi

la habitación

icyumba

la bolsa de dormir

agafuko baryamamo

la carpa

ihema

la información turística

amakuru y'ahasurwa na ba mukerarugendo

la playa

ku musenyi wo ku mazi

la tarjeta de crédito

ikarita ya banki

el desayuno

ifunguro ryo gusamura

el almuerzo

ifunguro rya ku manywa

la cena

ifunguro rya nimugoroba

el pasaje

itike

el ascensor

asanseri

el sello

itembure

la frontera

umupaka

la aduana

gasutamo

la embajada

ambasade

la visa

viza

el pasaporte

pasiporo

el transporte
gutwara abantu n'ibintu

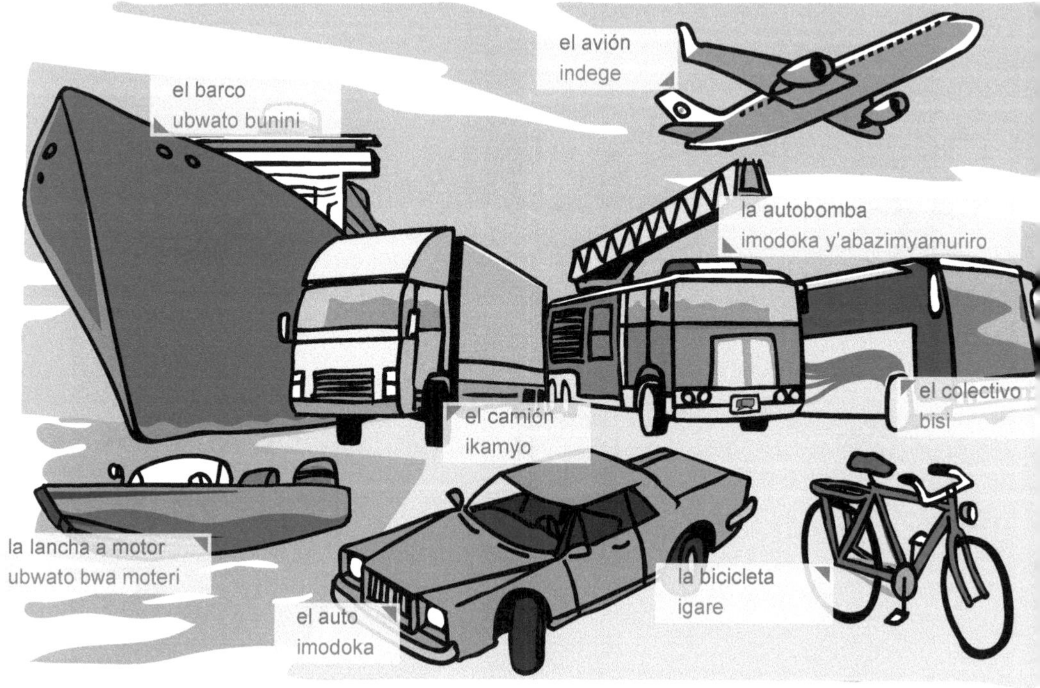
el avión
indege
el barco
ubwato bunini
la autobomba
imodoka y'abazimyamuriro
el colectivo
bisi
el camión
ikamyo
la lancha a motor
ubwato bwa moteri
la bicicleta
igare
el auto
imodoka

el ferry

ubwato bwambutsa imizigo n'abantu

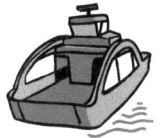

el bote

ubwato

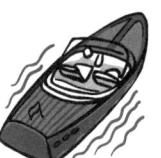

la moto

ipikipiki

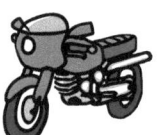

el patrullero

imodoka ya polisi

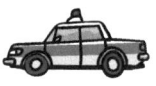

el auto de carreras

imodoka ya kuruse

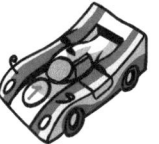

el auto de alquiler

imodoka ikodeshwa

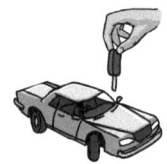

el alquiler de autos

gusangira imodoka

la grúa

imodoka iterura izindi

el camión de la basura

imodoka iyora imyanda

el motor

moteri

la nafta

lisansi

la estación de servicio

sitasiyo ya lisansi

la señal de tránsito

icyapa kiyobora imodoka

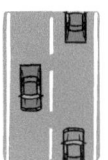

el tránsito

urujya n'uruza rw'imodoka

el embotellamiento

ambuteyaje

el estacionamiento

parikingi y'imodoka

la estación de tren

gare ya gariyamoshi

las vías

inzira ya gariyamoshi

el tren

gariyamoshi

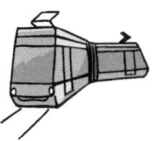

el tranvía

bisi ikoresha
amashanyarazi

el vagón

agatete k'imizigo gakururwa
n'imodoka

el helicóptero

kajugujugu

el aeropuerto

ikibuga k'indege

la torre

umunara

el pasajero

umugenzi

el contenedor

konteneri

la caja de cartón

ikarito

la carretilla

akagorofani ko mu iduka

la canasta

agaseke

despegar / aterrizar

kuguruka / kururuka

la ciudad

umugi

el pueblo

umudugudu

el centro de la ciudad

mu mujyi rwagati

la casa

inzu

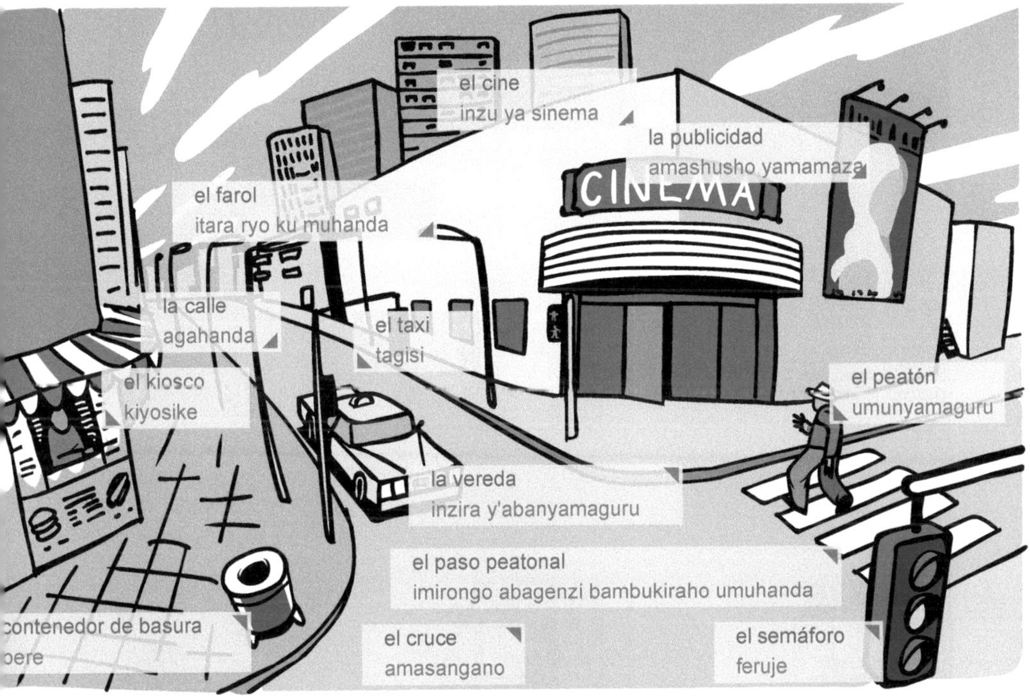

el cine
inzu ya sinema

la publicidad
amashusho yamamaza

el farol
itara ryo ku muhanda

la calle
agahanda

el taxi
tagisi

el kiosco
kiyosike

el peatón
umunyamaguru

la vereda
inzira y'abanyamaguru

el paso peatonal
imirongo abagenzi bambukiraho umuhanda

contenedor de basura
bere

el cruce
amasangano

el semáforo
feruje

la cabaña
akaruri

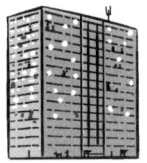

el departamento
inzu ifatanye n'izindi

la estación de tren
gare ya gariyamoshi

la municipalidad
ibiro bya meya

el museo
inzu ndangamurage

el colegio
ishuri

la universidad

kaminuza

el banco

banki

el hospital

ibitaro

el hotel

hoteli

la farmacia

farumasi

la oficina

ibiro

la librería

inzu bagurishirizamo ibitabo

el negocio

iduka

la florería

umucuruzi w'indabo

el supermercado

amangazini manini

el mercado

isoko

las grandes tiendas

idepo

la pescadería

umucuruzi w'amafi

el centro comercial

iduka rinini

el puerto

icyambu

el parque

parike

el banco

intebe y'urubaho

el puente

iteme

las escaleras

amadarajya

el subte

inzira yo munsi y'ubutaka

el túnel

umuhanda wo munsi
y'ubutaka

la parada del colectivo

icyapa cya bisi

el bar

bare

el restaurante

resitora

el buzón

agasanduku k'amabaruwa

el letrero

icyapa cyo ku muhanda

el parquímetro

mubazi ya parikingi

el zoológico

zoo

la pileta

pisine

la mezquita

umusigiti

la granja

ifamu

la contaminación

kwangiza umwuka

el cementerio

irimbi

la iglesia

ikiriziya

los juegos infantiles

ikibuga k'imikino

el templo

urusengero

el paisaje

umurambi

la hoja
ikibabi

el poste indicador
icyapa kiyobora

el camino
inzira

la pradera
umukenke

la piedra
ibuye

el excursionista
umuntu utembera mu misozi

el árbol
igiti

el río
umugezi

la hierba
ibyatsi

la flor
indabo

el valle

ikibaya

la montaña

agasozi

el lago

ikiyaga

el bosque

ishyamba

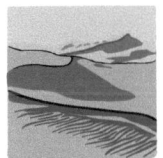

el desierto

ubutayu

el volcán

ikirunga

el castillo

ingoro

el arco iris

umukororombya

el champiñón

icyobo

la palmera

ikigazi

el mosquito

umubu

la mosca

isazi

la hormiga

intozi

la abeja

uruyuki

la araña

igitagangurirwa

el escarabajo

ikivumvuri

la rana

igikeri

la ardilla

inkima

el erizo

imbuni

la liebre

urukwavu

la lechuza

igihunyira

el pájaro

inyoni

el cisne

igishuhe

el jabalí

isatura

el ciervo

ingeragere

el alce

impongo

la presa

urugomero

el aerogenerador

igipanga kikaraga kikazana umuyaga

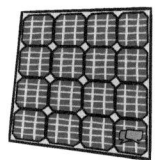

el panel solar

urubaho rukurura imirasire

el clima

ikirere

el restaurante
resitora

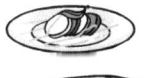

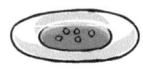

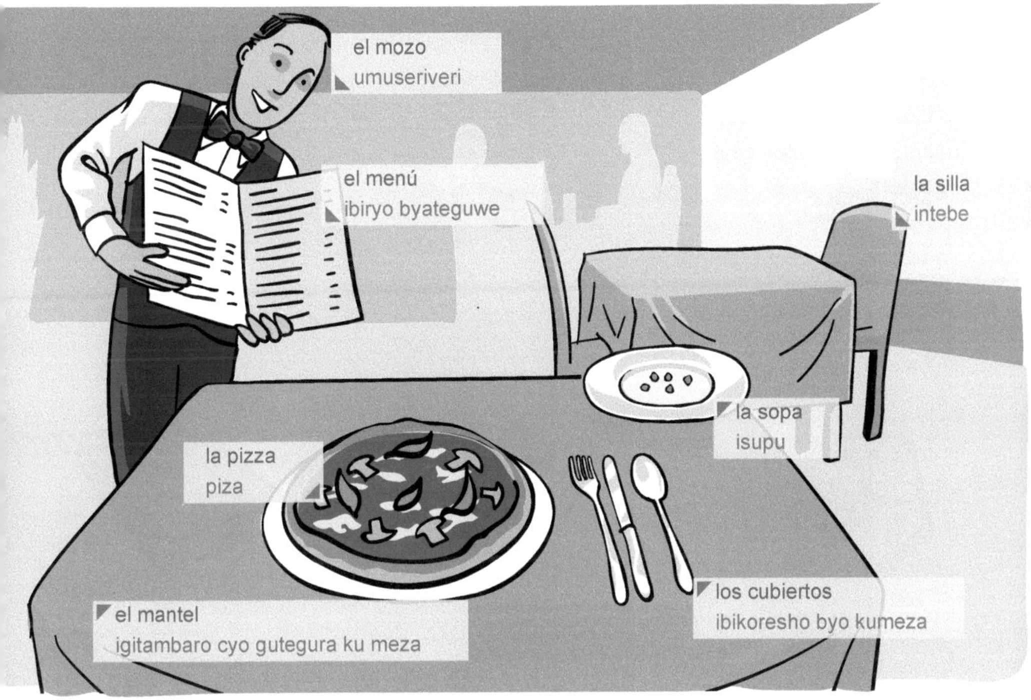
el mozo
umuseriveri
el menú
ibiryo byateguwe
la silla
intebe
la sopa
isupu
la pizza
piza
los cubiertos
ibikoresho byo kumeza
el mantel
igitambaro cyo gutegura ku meza

la entrada

aperitifu

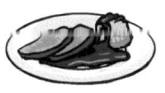

el plato principal

isahani nkuru

el postre

deseri

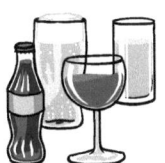

las bebidas

ibinyobwa

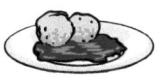

la comida

ibiribwa

la botella

icupa

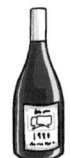

la comida rápida

ibiryo barya bagenda

la comida callejera

ibiryo byo kumuhanda

la tetera

ibirika y'icyayi

la azucarera

agakombe k'isukari

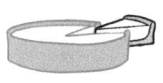

la porción

isahani y'ibiryo

la cafetera expreso

imashini y'ikawa ya
esipereso

la sillita alta

intebe ndende

la cuenta

inyemezabuguzi

la bandeja

ipurato

el cuchillo

icyuma

el tenedor

ikanya

la cuchara

ikiyiko

la cucharita

akayiko k'icyayi

la servilleta

seriviyete

el vaso

ikirahure cyo kunywesha

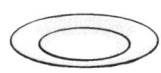

el plato

isahani

el plato hondo

isahani y'isupu

el plato

agasutasi

la salsa

isosi

el salero

agacupa k'umunyu

el molinillo de pimienta

agasekuru k'urusenda

el vinagre

vinegere

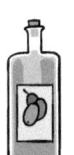

el aceite

amavuta

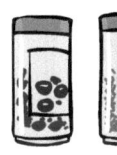

las especias

ibirunge

el kétchup

kecapu

la mostaza

mutaride

la mayonesa

mayonezi

el supermercado
amangazini manini

la oferta especial
igiciro kidasanzwe
FOR
el cliente
umukiriya
los lácteos
ibiva mu mata
la fruta
imbuto
el changuito
akagorofani ko mu iduka

BUTCHERS

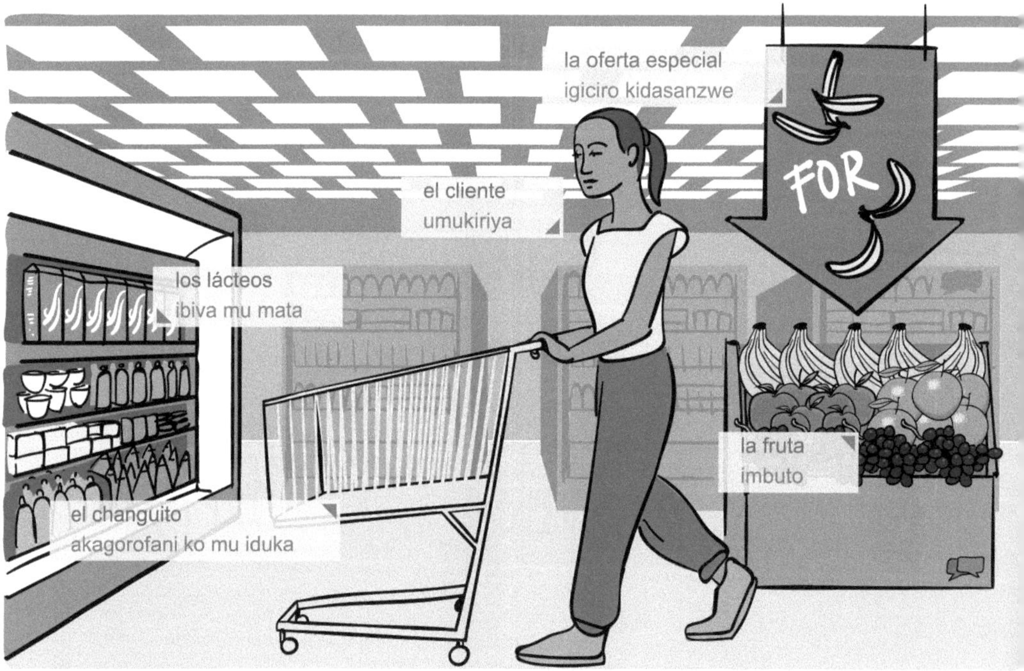

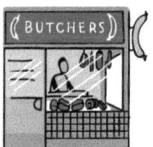

la carnicería
busheri

BAKERY

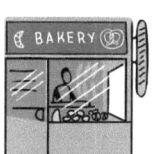

la panadería
buranjeri

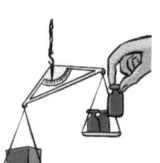

pesar
gupima ibiro

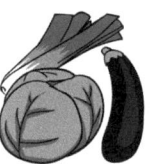

las verduras
imboga

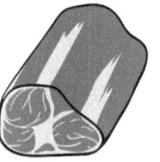

la carne
inyama

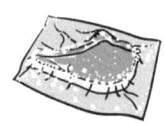

los alimentos congelados
ibiryo bakonjesheje

los fiambres

inyama zikonje

los alimentos enlatados

ibiryo byo mu makopo

el detergente en polvo

isabune y'ifu

las golosinas

bombo

los electrodomésticos

ibikoresho byo mu rugo

los productos de limpieza

imiti isukura

la vendedora

umucuruzikazi

la caja

kukesa

el cajero

umubitsi

la lista de compras

urutonde rwo guhaha

el horario de atención

amasaha haba hafunguye

la billetera

ipotomoni

la tarjeta de crédito

ikarita ya banki

la cartera

umufuka

la bolsa de plástico

imifuko ya pulasitike

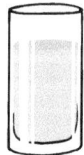

el agua

amazi

el jugo

umutobe

la leche

amata

la bebida cola

koka

el vino

divayi

la cerveza

byeri

el alcohol

inzoga

el cacao

shokora ishyushye

el té

icyayi

el café

ikawa

el café expreso

ikawa ya esipereso

el cappuccino

kapucino

la banana

umuneke

la manzana

pome

la naranja

icunga

el melón

wotameloni

el limón

indimu

la zanahoria

karoti

el ajo

tungurusumu

el bambú

umugano

la cebolla

urutunguru

el champiñón

icyoba

las nueces

ubunyobwa

los fideos

amakaroni

los tallarines

spageti

el arroz

umuceri

la ensalada

salade

las papas fritas

udufiriti

las papas fritas

ibirayi by'ifiriti

la pizza

piza

la hamburguesa

hamburugeri

el sándwich

sanduwici

el churrasco

escalope

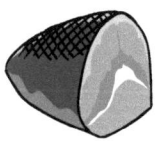

el jamón

jambo

el salame

salami

la salchicha

sosiso

el pollo

inkoko

el asado

kotsa

el pescado

ifi

los copos de avena

igikoma cy'uburo

el muesli

pisitashi

los copos de maíz

impeke

la harina

ifu

la medialuna

kuruwasa

el pancito

amandazi

el pan

umugati

la tostada

umugati wumishijwe

las galletitas

ibisuguti

la manteca

amavuta

la cuajada

forumaje year

la torta

keke

el huevo

igi

el huevo frito

umureti

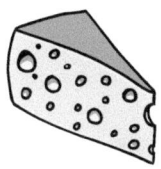

el queso

forumaje

el helado

ayisikirimu

el azúcar

isukari

la miel

ubuki

la mermelada

konfitire

la pasta de chocolate

shokora

el curry

kiri

la granja
ifamu

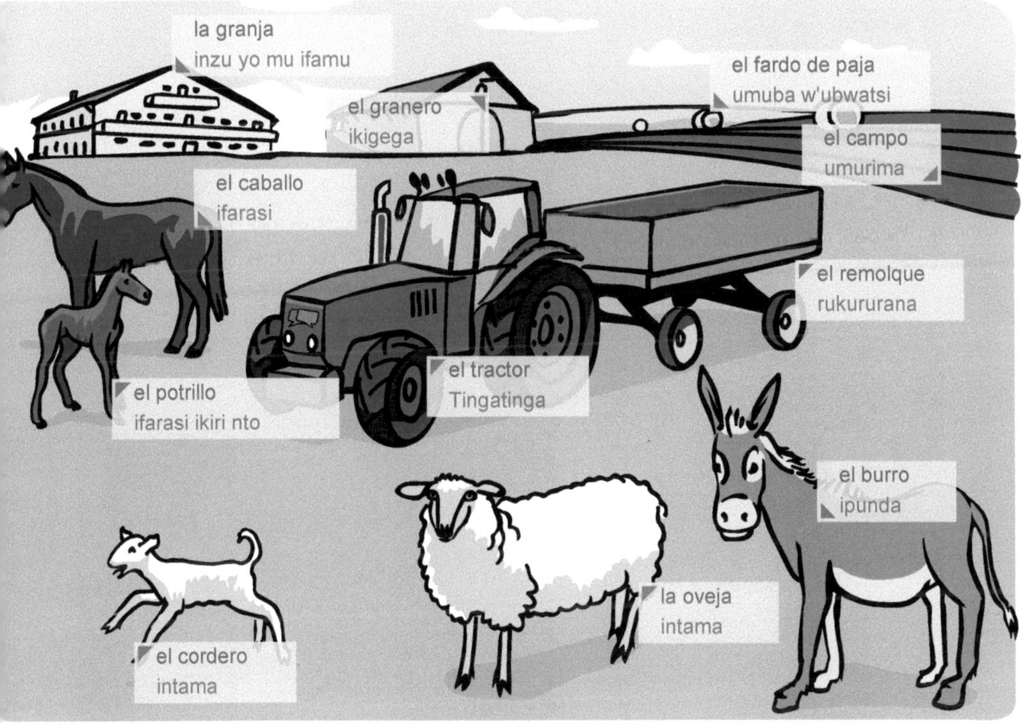

la granja
inzu yo mu ifamu
el granero
ikigega
el fardo de paja
umuba w'ubwatsi
el campo
umurima
el caballo
ifarasi
el remolque
rukururana
el tractor
Tingatinga
el potrillo
ifarasi ikiri nto
el burro
ipunda
la oveja
intama
el cordero
intama

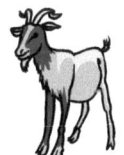

la cabra

ihene

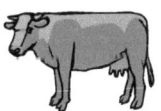

la vaca

inka

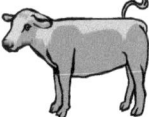

el ternero

umutavu

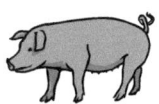

el cerdo

ingurube

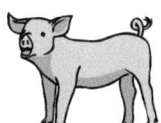

el lechón

ikibwana k'ingurube

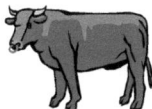

el toro

ikimasa

el ganso

igishuhe

el pato

imbata

el pollo

umushwi

la gallina

inkokokazi

el gallo

isake

la rata

imbeba

el gato

injangwe

el ratón

imbeba

el buey

ikimasa

el perro

imbwa

la cucha

ikiruka

la manguera

itiyo ijyana mu karima

la regadera

arozuwari

la guadaña

najuru

el arado

imashini ihinga

la hoz
najuru

la azada
isuka

la horquilla
rato

el hacha
ishoka

la carretilla
ingorofani

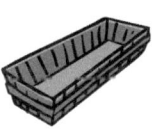

el abrevadero
ikibumbiro

la lechera
inkongoro

la bolsa
igunira

la reja
urugo

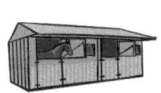

el establo
ikiraro

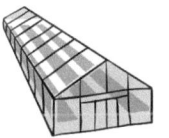

el invernadero
inzu ihingwamo

el suelo
ubutaka

la semilla
imbuto zo gutera

el fertilizador
ifumbire

la cosechadora
imashini isarura

cosechar

gusarura

la cosecha

umusaruro

las batatas

ibikoro

el trigo

ingano

la soja

soya

la papa

ikirayi

el maíz

ikigori

la semilla de colza

umwayi weze

el árbol frutal

igiti k'imbuto

la mandioca

umwumbati

los cereales

impeke

la casa
inzu

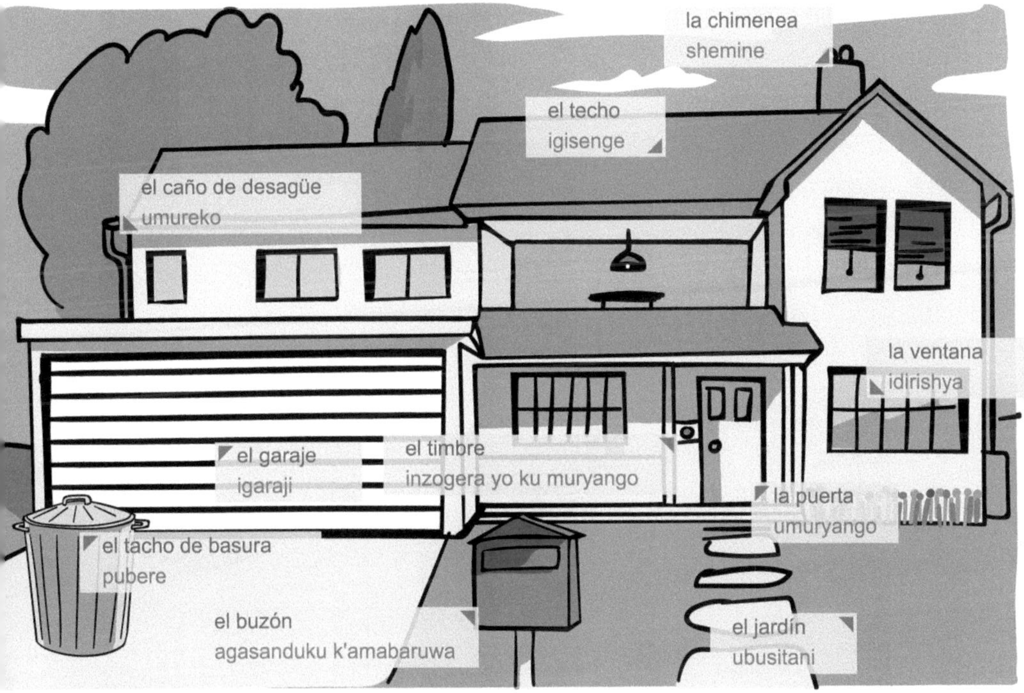

la chimenea
shemine
el techo
igisenge
el caño de desagüe
umureko
la ventana
idirishya
el garaje
igaraji
el timbre
inzogera yo ku muryango
la puerta
umuryango
el tacho de basura
pubere
el buzón
agasanduku k'amabaruwa
el jardín
ubusitani

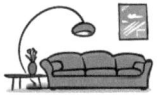

el living

icyumba cy'uruganiriro

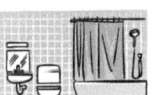

el baño

ubwogero

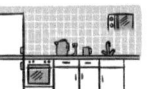

la cocina

igikoni

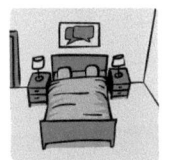

el dormitorio

icyumba cyo kuraramo

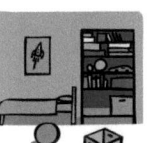

el cuarto de los chicos

icyumba cy'abana

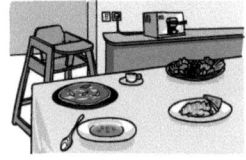

el comedor

uburiro

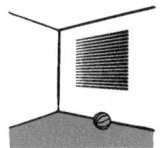

el piso

hasi

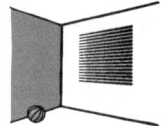

la pared

urukuta

el cielorraso

purafo

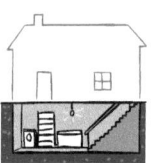

el sótano

kave

el sauna

sawuna

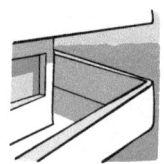

el balcón

urubaraza

la terraza

ku rubaraza

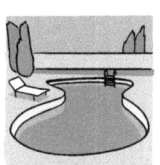

la pileta

pisine

la cortadora de pasto

imashini ikupakupa

la sábana

umwenda utwikira

el acolchado

kuvureri

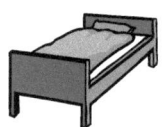

la cama

igitanda

la escoba

umweyo

el balde

indobo

el interruptor

enteributeri

el living

icyumba cy'uruganiriro

el empapelado
urupapuro rwomekwa ku rukuta
la imagen
ifoto
la lámpara
itara
el estante
etajere
el armario
akabati
la televisión
televiziyo
la chimenea
shemine
la flor
indabo
el almohadón
umusego
el sofá
ifoteyi nini
el florero
icyungo k'indabo
el control remoto
terekomande

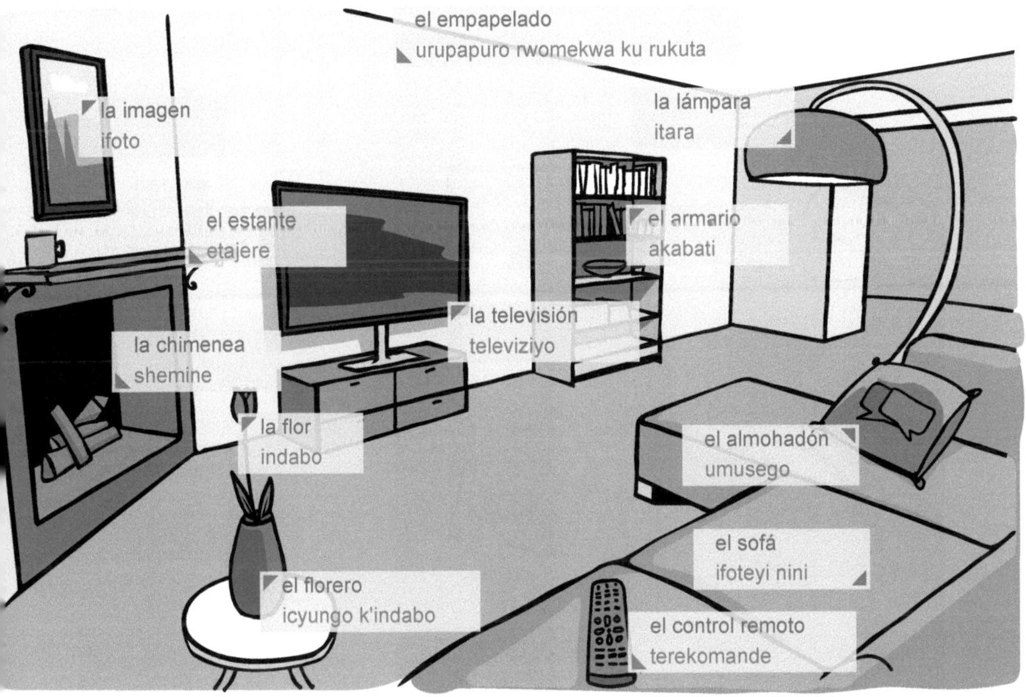

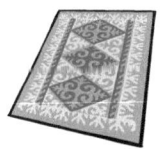

la alfombra

itapi

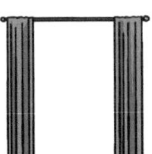

la cortina

rido

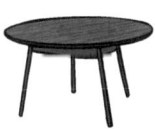

la mesa

ameza

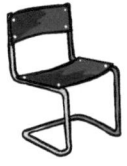

la silla

intebe

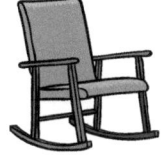

la mecedora

intebe yizengurutsa

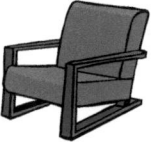

el sillón

ifoteyi

el libro

igitabo

la frazada

uburingiti

la decoración

umutako

la leña

inkwi

la película

filimi

el equipo de música

ibikoresho bya hifi

la llave

urufunguzo

el diario

ikinyamakuru

la pintura

ishusho

el póster

icyapa

la radio

iradiyo

el cuaderno

ikarine

la aspiradora

umweyo wa kizungu
ukoresha umwka

el cactus

ikimungu

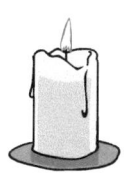

la vela

buji

la cocina
igikoni

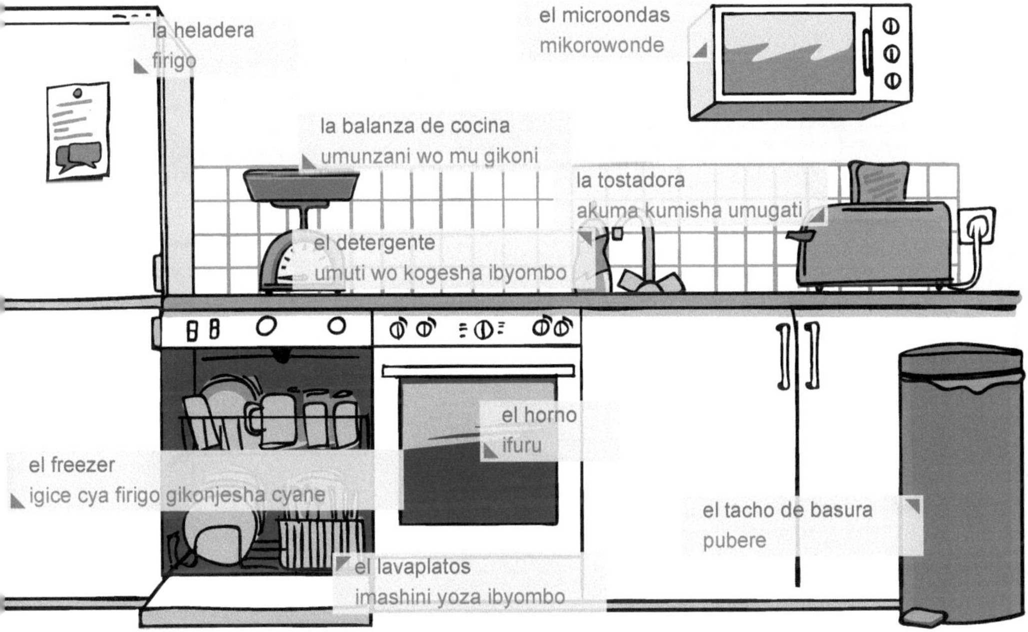

la heladera
firigo
el microondas
mikorowonde
la balanza de cocina
umunzani wo mu gikoni
la tostadora
akuma kumisha umugati
el detergente
umuti wo kogesha ibyombo
el horno
ifuru
el freezer
igice cya firigo gikonjesha cyane
el tacho de basura
pubere
el lavaplatos
imashini yoza ibyombo

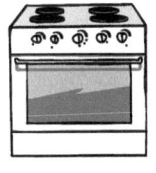

la cocina
iziko

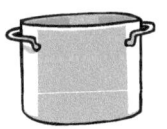

la olla
icyungo

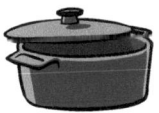

la olla de hierro fundido
inkono y'icyuma

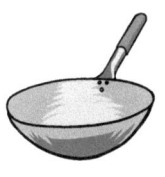

el wok
ipanu ifukuye cyane

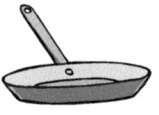

la sartén
ipanu

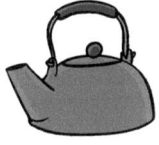

la pava
ibirika

la vaporera

isafuriya ya peresiyo

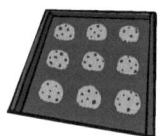

la bandeja de horno

isahani yo mu ifuru

la vajilla

ibyombo

la taza

igikombe

el bol

isorori

los palitos

uduti abashinwa barisha

el cucharón

ikiyiko kigabura

la espátula

Ikiyiko cyarura ifiriti

la batidora

umutozo

el colador

paswari

el colador

akayunguruzo

el rallador

agaharuzo ka karoti

el mortero

isekuru

la parrilla

icyokezo

la fogata

shomine

la tabla de picar

akabaho ko gukatiraho imboga

el palo de amasar

umwuko

el sacacorchos

urufunguzo rwa divayi

la lata

agakopo

el abrelatas

urufunguzo rw'amakopo

la manopla

umukondo w'icyungo

la pileta

ravabo

el cepillo

uburoso

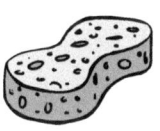

la esponja

iponji

la batidora

mixer

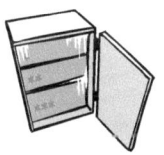

el congelador

firigo itambitse

la mamadera

bibero

la canilla

robine

el baño
ubwogero

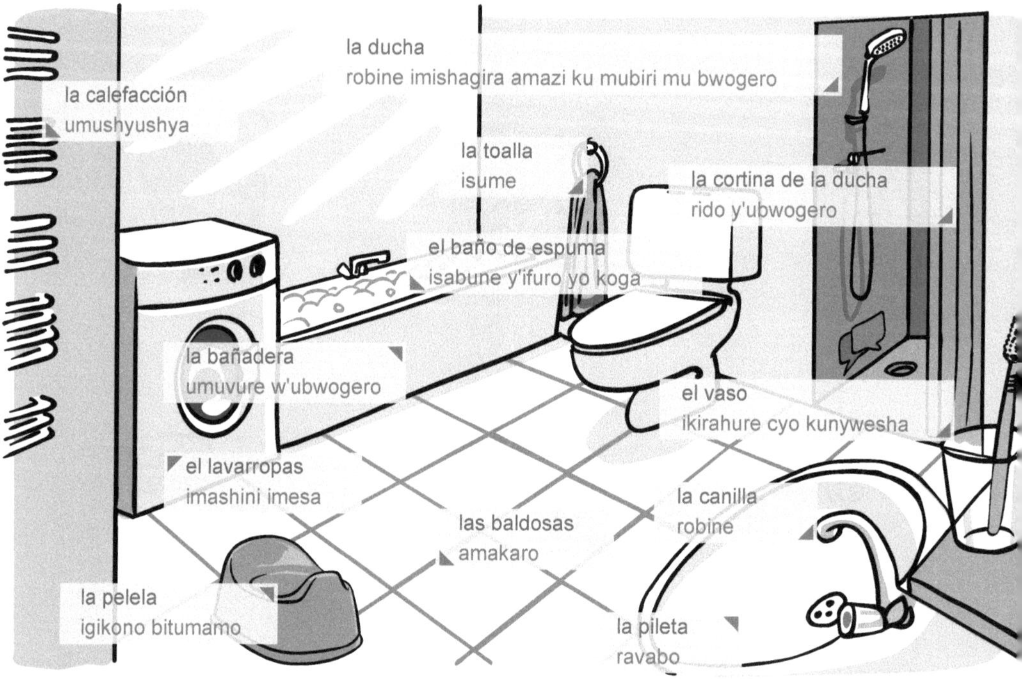
la ducha
robine imishagira amazi ku mubiri mu bwogero
la calefacción
umushyushya
la toalla
isume
la cortina de la ducha
rido y'ubwogero
el baño de espuma
isabune y'ifuro yo koga
la bañadera
umuvure w'ubwogero
el vaso
ikirahure cyo kunywesha
el lavarropas
imashini imesa
la canilla
robine
las baldosas
amakaro
la pelela
igikono bitumamo
la pileta
ravabo

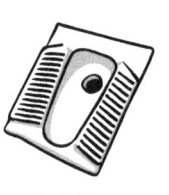

el inodoro
ubwiherero

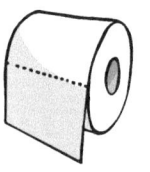

la letrina
umusarani wo gusutama

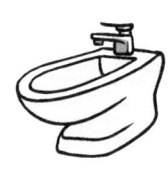

el bidé
igikono cy'ubwiherero bwo mu nzu

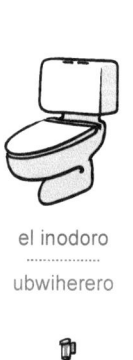

el mingitorio
aho bihagarika

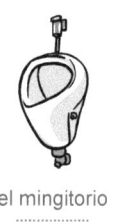

el papel higiénico
papiyejenike

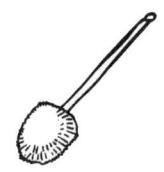

el cepillo para el inodoro
uburoso bwo mu bwiherero

el cepillo de dientes

uburoso bw'amenyo

el dentífrico

korogati

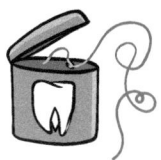

el hilo dental

akagozi ko kwihaganyuza
amenyo

lavar

gukaraba

la ducha de mano

akamishagira amazi ku
mubiri bafata mu ntoki

la ducha higiénica

ubwogero bw'amazi yisuka

la palangana

lavabo bakarabiramo intoki

el cepillo para la espalda

uburoso bwo kwitsiritisha
mu mugongo

el jabón

isabune

el gel de ducha

isabune yo mu bwogero

el shampoo

isabune yo kumeshesha
umusatsi

la toallita

icyangwe cyo kwiyuhagiza

el desagüe

kuyobora amazi yanduye

la crema

ikimuri

el desodorante

umubavu

el baño - ubwogero

el espejo

ikirori cyo mu ntoki

el espejito

ikirori cyo mu ntoki

la maquinita de afeitar

urwembe

la espuma de afeitar

ifuro ryo kurinda imiburu

el aftershave

umuti ukingira imiburu

el peine

igisokozo

el cepillo

uburoso

el secador de pelo

imashini yumisha umusatsi

el spray

amarashi y'umusatsi

el maquillaje

igishahuro cyo kwitera

el lápiz de labios

rujalevure

el esmalte para uñas

verini y'inzara

el algodón

ipamba

la tijera para uñas

agasena inzara

el perfume

umubavu

el portacosméticos

agafuka k'ibikoresho byo mu bwogero

la banqueta

intebe

la balanza

umunzani

la bata

ikanzu yo kujyana mu bwogero

los guantes de goma

udupfukantoki two gusukuza

el tampón

urubindo

la toallita femenina

udupapuro two kwihanaguza mu bwiherero

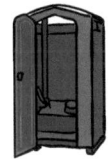

el baño químico

ubwiherero bwimukanwa

el cuarto de los chicos
icyumba cy'abana

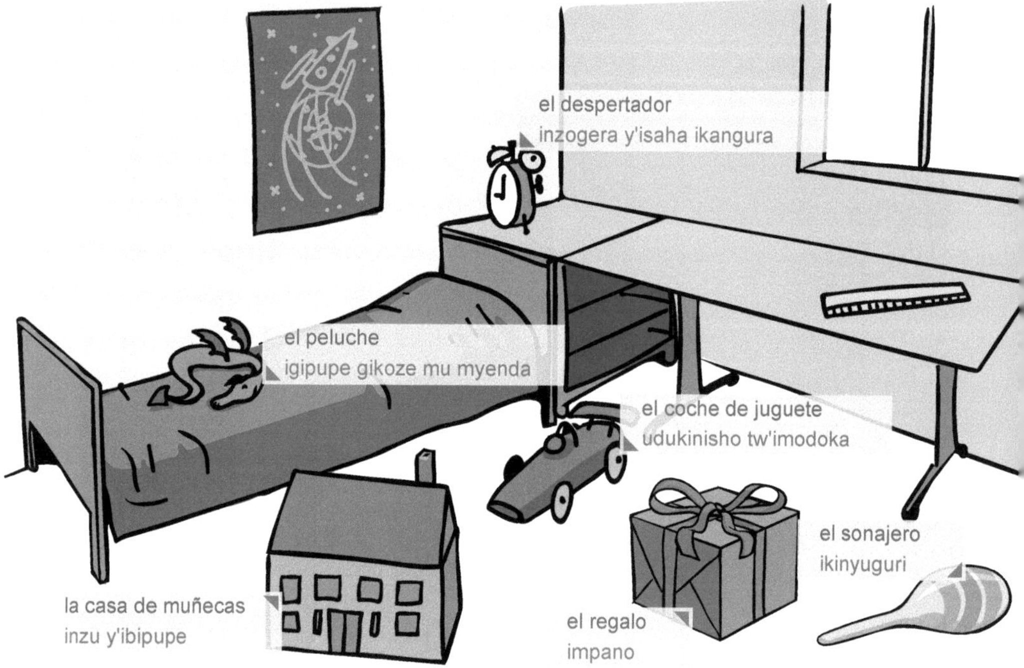
el despertador
inzogera y'isaha ikangura
el peluche
igipupe gikoze mu myenda
el coche de juguete
udukinisho tw'imodoka
el sonajero
ikinyuguri
la casa de muñecas
inzu y'ibipupe
el regalo
impano

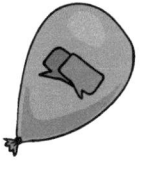

el globo
ballon

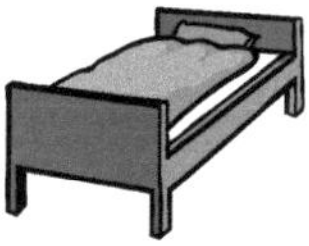

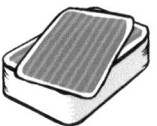

la cama
igitanda

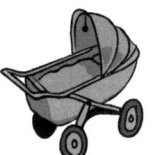

el cochecito
agapusipusi

las cartas
amakarita

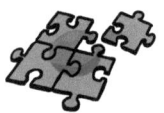

el rompecabezas
kubaka ishusho bacagaguye

SUPER MEGA

la historieta
inkuru isetsa

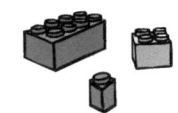

las piezas de lego

gucomekanya udutafari

los ladrillos de juguete

udutafari tw'udukinisho

la figura de acción

igikinisho

el enterito (de bebé)

ipinjama y'uruhinja

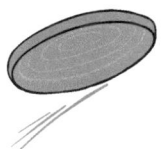

el frisbee

gutera indege

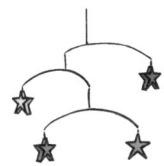

el móvil para bebés

terefoni ngendanwa

el juego de mesa

imikino yo kuganiriraho

los dados

igisoro

el tren eléctrico

gariyamoshi y'igikinisho

el chupete

ikinyonyo

la fiesta

umunsi mukuru

el libro de cuentos ilustrado

arubumu

la pelota

umupira

la muñeca

agapupe

jugar

gukina

el arenero

igikarito cy'umucanga

la hamaca

urwicundo

los juguetes

ibikinisho

la consola de videojuegos

agasanduku k'imikino yo
kuri videwo

el triciclo

akagare k'imipine itatu

el osito de peluche

igipupe k'ibyoya

el armario

akabati k'imyenda

la ropa

imyambaro

las medias

amasogisi

las medias panty

amasogisi afatanye n'ikariso

las calzas

kora

la bufanda
akitero

el paraguas
umutaka

la remera
agapira ko hejuru

el cinturón
umukandara

las botas
bote

las pantuflas
inkweto zo kubyukana

las zapatillas
superese

las sandalias
isandari

los zapatos
inkweto

las botas de goma
bote za kawucu

la ropa interior
imyenda y'imbere

el corpiño
isutiye

el chaleco
isengeri

el body
body

los pantalones
ipantalo

los jeans
ikoboyi

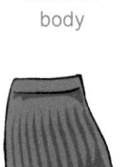

la pollera
ijipo

la blusa
ishati y'abagore

la camisa
ishati

el pulóver
umupira w'imbeho

el buzo
umupira w'ingofero

el blazer
agakoti

la campera
ijaketi

el tapado
ikoti

el piloto
ikoti ry'imvura

el traje
umwambaro w'ibikino

el vestido
ikanzu

el vestido de novia
ikanzu y'abageni

el traje

kostitimu

el camisón

ikanzu yo kurarana

el pijama

ipinjama

el sari

mukenyero w'abahindikazi

el pañuelo para la cabeza

igitambaro cyo mu mutwe

el turbante

urugori

la burka

umwitandiro uhisha isura

el caftán

ikanzu ndende

la abaya

igishura

el traje de baño

imyenda yo
kwidumbaguzanya

el short de baño

ikariso yo
kwidumbaguzanya

los shorts

ikabutura

el jogging

tereningi

el delantal

itaburiya

los guantes

udupfukantoki

el botón
igipesu

los anteojos
amadarubindi

la pulsera
igikomo

el collar
umukufi

el anillo
impeta

el aro
iherena

la gorra
ingofero

la percha
porutemanto

el sombrero
ingofero

la corbata
karuvati

el cierre
imashini yo ku mwenda

el casco
kasike

los tiradores
amaburuteri

el uniforme escolar
umwambaro w'ishuri

el uniforme
impuzankano

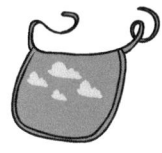

el babero

agakingirankonda

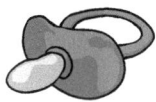

el chupete

ikinyonyo

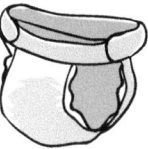

el pañal

amaranje

la oficina

ibiro

el servidor
seriveri
el archivero
akabati k'impapuro
la impresora
empirimante
el papel
urupapuro
el monitor
ekara
el mouse
suri
el escritorio
ameza yo kwandikiraho
la carpeta
karaseri
el teclado
karaviye
el tacho (de basura)
pubere
la computadora
mudasobwa
la silla
intebe

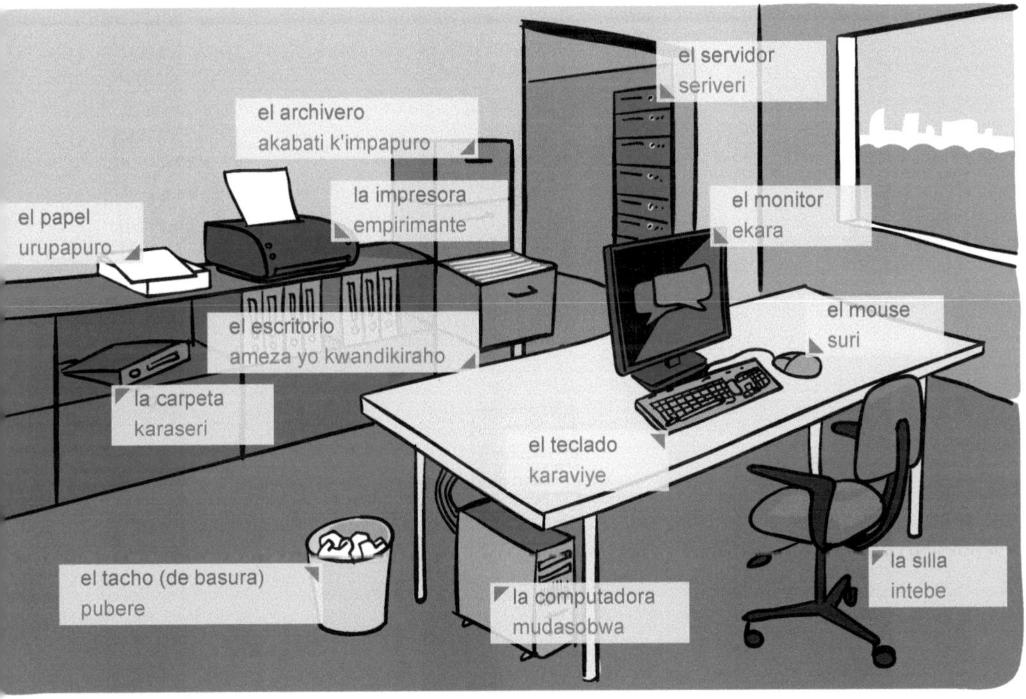

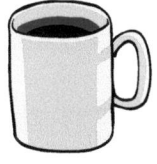

la taza de café

igikombe k'ikawa

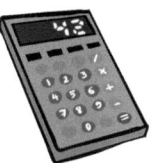

la calculadora

akabarisho

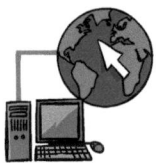

el internet

enterineti

la laptop

laputopu

la carta

ibaruwa

el mensaje

ubutumwa

el celular

ngendanwa

la red

netiwake

la fotocopiadora

fotokopiyeze

el software

porogaramu

el teléfono

telefoni

el tomacorriente

purize

el fax

imashini yohereza fagisi

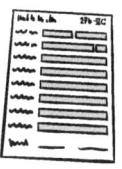

el formulario

fomu

el documento

inyandiko

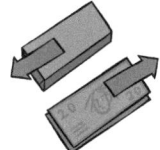

comprar

kugura

pagar

kwishyura

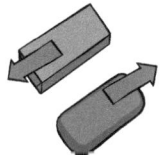

hacer negocios

gucuruza

el dinero

amafaranga

el dólar

idorari

el euro

iyero

el yen

iyeni

el rublo

irubure

el franco suizo

ifaranga ry'irisuwisi

el yuan

iriyuwani

la rupia

irupi

el cajero automático

icyuma cya banki
babikurizaho

la casa de cambio

ku muvunjayi

el oro

zahabu

la plata

feza

el petróleo

peteroli

la energía

ingufu z'amashanyarazi

el precio

igiciro

el contrato

kontaro

el impuesto

tagisi

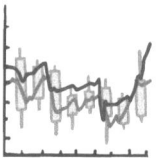

la acción

isoko ryo kugura no kugurisha

trabajar

gukora

el empleado

umukozi

el empleador

umukoresha

la fábrica

uruganda

el negocio

iduka

el policía
umupolisi

el bombero
umuzimyamuriro

el cocinero
umutetsi

el médico
muganga

el piloto
umupilote

el jardinero

umujaridiniye

el carpintero

umubaji

la modista

umudozi

el juez

umucamanza

el farmacéutico

umunyabutabire

el actor

umukinnyi wa filimi

el colectivero

umushoferi wa bisi

el taxista

umushoferi wa tagisi

el pescador

umurobyi

la mucama

umugore ushinzwe gukora isuku

el techista

umufundi usakara

el mozo

umuseriveri

el cazador

umuhigi

el pintor

umuntu usiga irangi

el panadero

Umuntu ukora imigati

el electricista

Umuntu ukora mu mashanyarazi

el albañil

umufundi

el ingeniero

injenyeri

el carnicero

umubazi

el plomero

umutnu ukora mu mazi

el cartero

umuparanto

el soldado

umusirikare

el arquitecto

umwubatsi

el cajero

umubitsi

el florista

muntu ukora mu by'indabo

el peluquero

kimyozi

el cobrador

komvuwayeri

el mecánico

umukanishi

el capitán

kapiteni

el dentista

muganga w'amenyo

el científico

umuhanga muri siyansi

el rabino

rabi

el imán

imamu

el monje

umumwane

el sacerdote

umuyobozi w'idini

las herramientas
ibikoresho

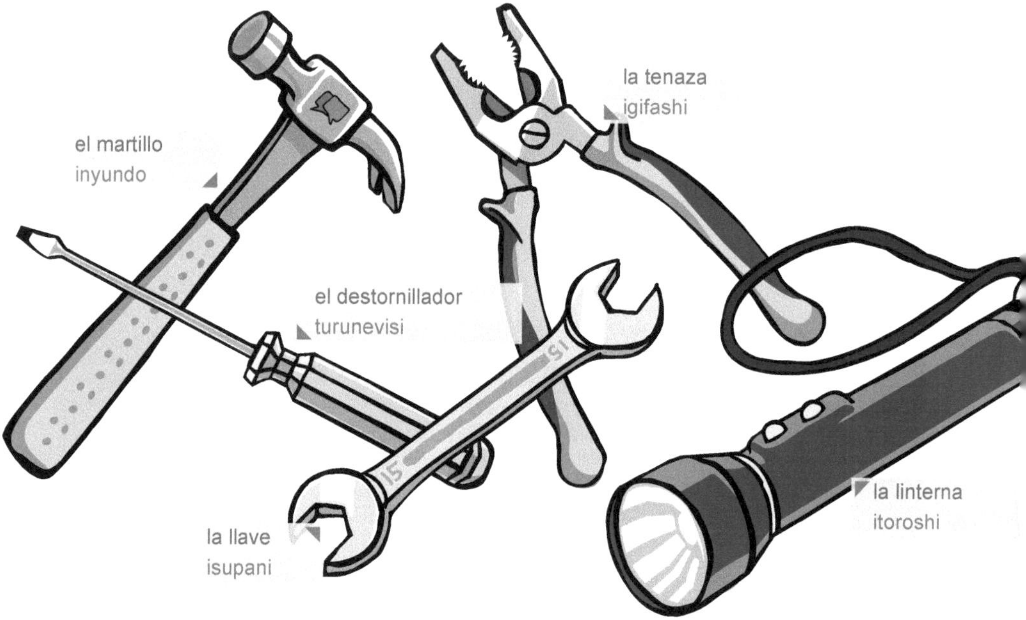
el martillo
inyundo
la tenaza
igifashi
el destornillador
turunevisi
la llave
isupani
la linterna
itoroshi

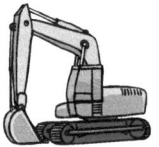

la excavadora

ipiki

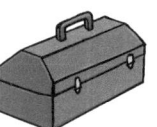

la caja de herramientas

isanduku y'ibikoresho

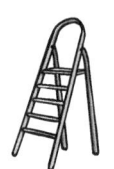

la escalera portátil

urwego

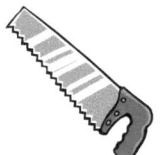

la sierra

urukero

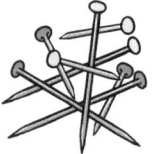

los clavos

imisumari

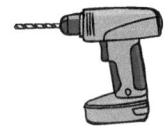

el taladro

itindo

arreglar

gusana

la pala de jardín

igitiyo

¡Qué bronca!

wo gacwa we

la pala de plástico

igitiyo

el tacho de pintura

igikombe k'irangi

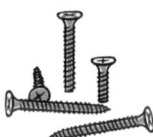

los tornillos

amavisi

los instrumentos musicales
ibyuma by'umuziki

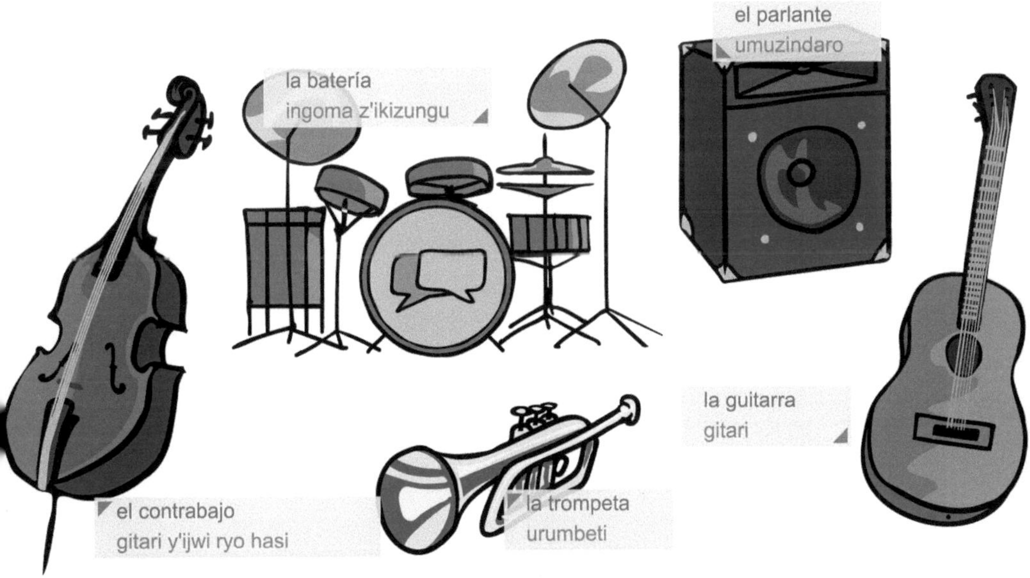

el parlante
umuzindaro

la batería
ingoma z'ikizungu

la guitarra
gitari

el contrabajo
gitari y'ijwi ryo hasi

la trompeta
urumbeti

el piano

piyano

el violín

iningiri

el bajo

gitari idunda

los timbales

sembare

el tambor

ingoma

el teclado

inanga ya kizungu

el saxofón

sagisofone

la flauta

umwirongi

el micrófono

indanguruamajwi

el tigre
igitaragwe

la entrada
umuryango

la jaula
ikibuti

la cebra
imparage

el alimento para animales
ibiryo by'amatungo

el oso panda
panda

los animales

inyamaswa

el elefante

inzovu

el canguro

kanguru

el rinoceronte

inkura

el gorila

ingagi

el oso

idubu

el camello

ingamiya

el avestruz

imbuni

el león

intare

el mono

inguge

el flamenco

uruyongoyongo

el loro

gasuku

el oso polar

idubu yo mu bukonie

el pingüino

inyoni yo ku mazi

el tiburón

igifi kinini

el pavo real

inyoni y'amasunzu

la serpiente

inzoka

el cocodrilo

ingona

el cuidador del zoológico

umurinzi

la foca

umuhuri

el jaguar

ingwe

el poni

icyana k'ifarasi

el leopardo

ingwe

el hipopótamo

imvubu

la jirafa

umusumbarembo

el águila

inkona

el jabalí

isatura

el pescado

ifi

la tortuga

akanyamasyo

la morsa

igifi k'imikaka

el zorro

umuhari

la gacela

isha

el fútbol americano
Futuboro y'abanyamerika

el ciclismo
gusiganwa ku magare

el tenis
tenisi

el básquet
Basiketi

la natación
umukino wo koga

el boxeo
umukino w'amakofe

el hockey sobre hielo
Hoke yo ku rubura

el fútbol

umupira w'amaguru

el bádminton

umukino wa badminton

el atletismo

abakina imikino
ngororamubiri

el handball

handibolo

el esquí

guserereka kuri neje

el polo

polo

saltar
gusimbuka

abrazar
guhobera

reír
guseka

caminar
kugenda

cantar
kuririmba

rezar
gusenga

besar
gusomana

soñar
kurota

escribir
kwandika

dibujar
gushushanya

mostrar
kwerekana

presionar
gusunika

dar
gutanga

tomar
gufata

tener

kugira

hacer

gukora

ser

kuba

estar parado

guhaguruka

correr

kwiruka

tirar

gukurura

tirar

kujugunya

caer

kugwa

estar acostado

kuryama

esperar

gutegereza

llevar

kwikorera

estar sentado

kwicara

vestirse

kwambara

dormir

gusinzira

despertar

gukanguka

mirar
....
kureba

llorar
....
kurira

acariciar
....
kwagaza

peinar
....
gusokoza

hablar
....
kuvuga

entender
....
gusobanukirwa

preguntar
....
kubaza

escuchar
....
kumva

beber
....
kunywa

comer
....
kurya

ordenar
....
gushyira ku murongo

amar
....
gukunda

cocinar
....
guteka

manejar
....
gutwara imodoka

volar
....
kuguruka

navegar

kugashya

calcular

kubara

leer

gusoma

aprender

kwiga

trabajar

gukora

casarse

kurongora

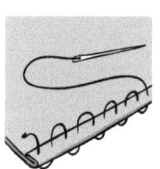

coser

kudoda

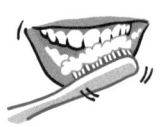

cepillarse los dientes

uburoso bw'amenyo

matar

kwica

fumar

kunywa itabi

enviar

kohereza

la abuela
nyogokuru

el abuelo
sogokuru

el padre
papa

la madre
mama

el bebé
uruhinja

la hija
umwana w'umukobwa

el hijo
umwana w'umuhungu

el invitado
umushyitsi

la tía
masenge

el tío
marume

el hermano
musaza wange

la hermana
mushiki wange

el cuerpo
umubiri

la frente
agahanga k'imbere
el ojo
ijisho
el hombro
urutugu
el dedo
urutoki
la cara
isura
la pera
akananwa
la mano
ikiganza
la pierna
ukuguru
el pecho
ibere
el brazo
ukuboko

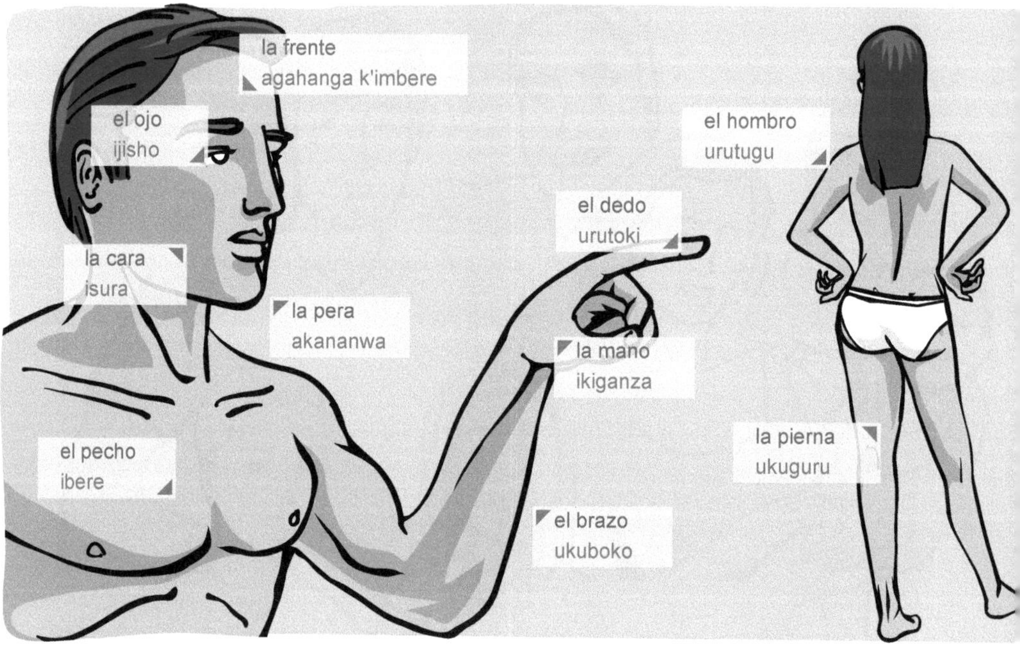

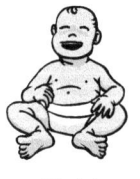

el bebé
uruhinja

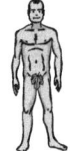

el hombre
umugabo

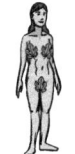

la mujer
umugore

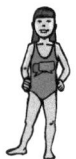

la nena
umukobwa

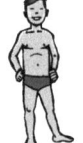

el nene
umuhungu

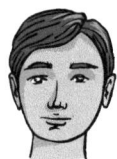

la cabeza
umutwe

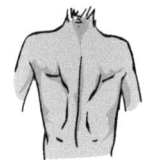

la espalda

umugongo

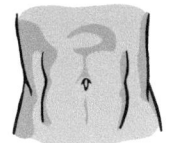

la panza

inda

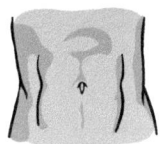

el ombligo

umukondo

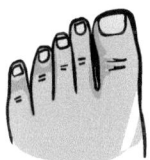

el dedo del pie

ino

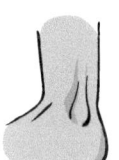

el talón

agatsinsino

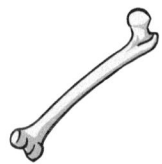

el hueso

igufa

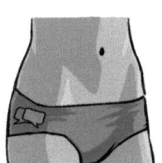

la cadera

amayunguyungu

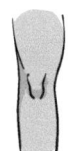

la rodilla

ivi

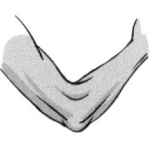

el codo

inkokora

la nariz

izuru

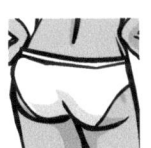

la cola

ikibuno

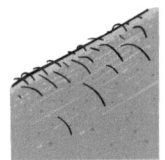

la piel

uruhu

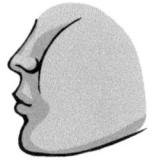

el cachete

itama

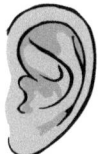

la oreja

ugutwi

el labio

umunwa

el cuerpo - umubiri

la boca

mu munwa

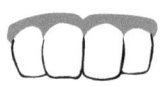

el diente

iryinyo

la lengua

ururimi

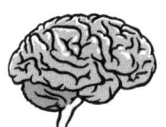

el cerebro

ubwonko

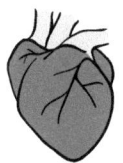

el corazón

umutima

el músculo

umutsi

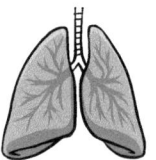

el pulmón

ibihaha

el hígado

umwijima

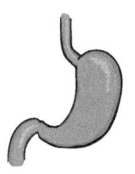

el estómago

igifu

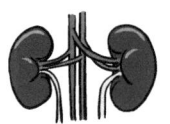

los riñones

impyiko

el sexo

igitsina

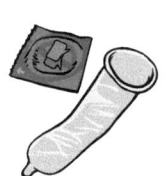

el preservativo

agakingirizo

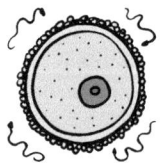

el óvulo

intanga

el semen

amasohoro

el embarazo

gusama inda

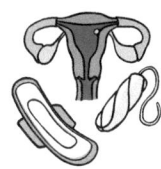

la menstruación

imihango

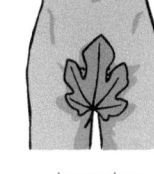

la vagina

igituba

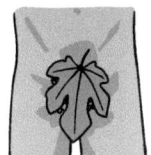

el pene

imboro

la ceja

ibitsike

el pelo

umusatsi

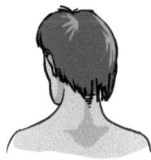

el cuello

ijosi

el hospital
ibitaro

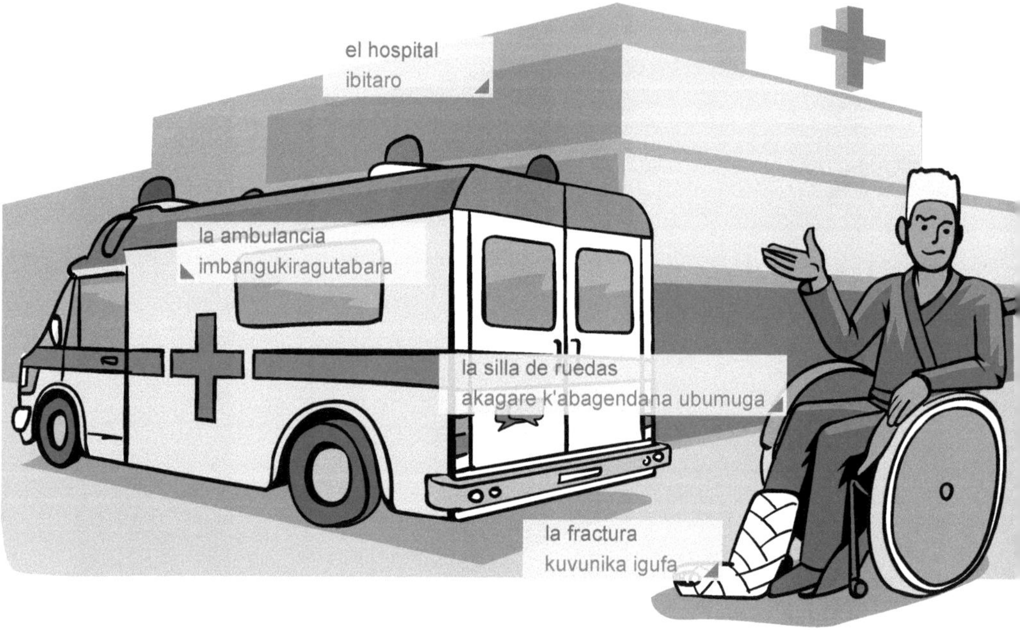

el hospital
ibitaro
la ambulancia
imbangukiragutabara
la silla de ruedas
akagare k'abagendana ubumuga
la fractura
kuvunika igufa

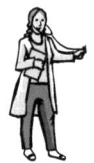

el médico

muganga

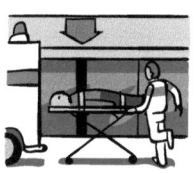

la sala de guardia

icyumba k'indembe

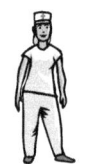

la enfermera

umuforomo kazi

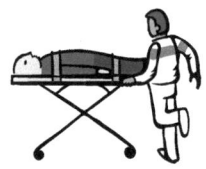

la emergencia

mu ndembe

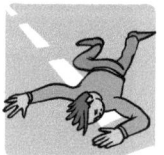

inconsciente

guta ubwenge

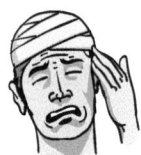

el dolor

ububabare

la lesión
....
igikomere

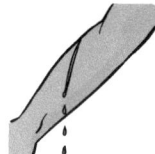

la hemorragia
....
kuva amaraso

el infarto
....
gufatwa n'umutima

el ACV
....
kuziba k'udutsi two mu
bwonko

la alergia
....
kwivumbura k'umubiri

la tos
....
inkorora

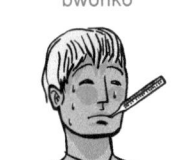

la fiebre
....
umuriro

la gripe
....
ibicurane

la diarrea
....
impiswi

el dolor de cabeza
....
kurwara umutwe

el cáncer
....
kanseri

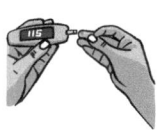

la diabetes
....
diyabete

el cirujano
....
muganga ubaga

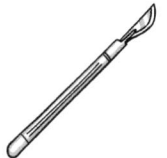

el bisturí
....
icyuma kibaga umurwayi

la operación
....
kubagwa

la TC

ifoto yo mu cyuma

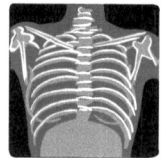

los rayos x

radiyo

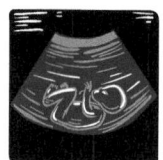

la ecografía

isuzuma rikoresha amajwi

el barbijo

agapfukamunwa

la enfermedad

indwara

la sala de espera

icyumba bategererezamo

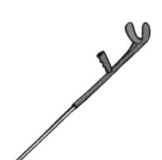

la muleta

imbago yo kwicumba

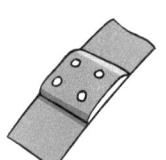

la curita

pasema

la venda

igipfuko

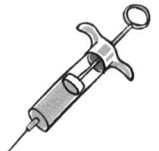

la inyección

urushinge

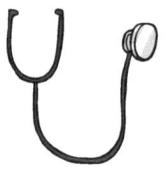

el estetoscopio

igipimo cy'umutima

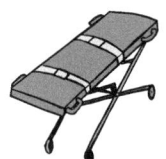

la camilla

burankari

el termómetro

igipimo cy'umuriro

el nacimiento

ivuka

el sobrepeso

umubyibuho ukabije

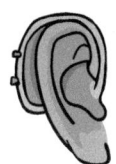

el audífono
yunganirangingo y'amatwi

el desinfectante
umuti wica mikorobe

la infección
ubwandu

el virus
virusi

el VIH / SIDA
Virusi itera sida / Sida

el remedio
ubuganga

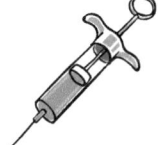

la vacunación
gukingira

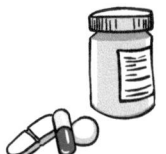

los comprimidos
ibinini

la pastilla anticonceptiva

ikinini

la llamada de emergencia
guhamagara byihutirwa

el tensiómetro
igenzura ry'umuvuduko
w'amaraso

enfermo / sano
urwaye / ufite amagara
meza

¡Ayuda!

Ntabara!

la alarma

inzogera itabaza

la agresión

gusagarira

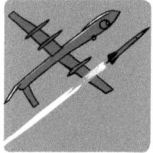

el ataque

igitero

el peligro

icyateza amakuba

la salida de emergencia

umuryango unyuramo ukiza amagara

¡Fuego!

Inkongi!

el matafuego

ikizimyamuriro

el accidente

impanuka

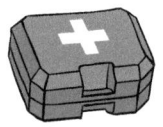

el botiquín de primeros auxilios

ibikoresho by'ubutabazi bw'ibanze

el SOS

induru itabaza

la policía

polisi

Europa

Uburayi

América del Norte

Amerika y'Amajyaruguru

América del Sur

Amerika y'Amagepfo

África

Afurika

Asia

Aziya

Australia

Ositarariya

el Atlántico

Atalantika

el Pacífico

Oasifika

el Océano Índico

Inyanja y'Abahinde

el Océano Antártico

Inyanja y'Antagitika

el Océano Ártico

Inyanja y'Arigitika

el polo norte

Amajyaruguru y'Isi

el polo sur

Amagepfo y'Isi

la Antártida

Antaragitika

la Tierra

Isi

la tierra

ubutaka

el mar

ikiyaga

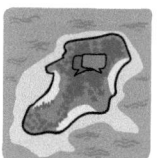

la isla

ikirwa

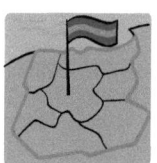

la nación

igihugu

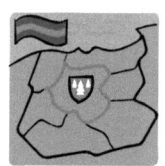

el estado

leta

la esfera

kadere y'isaha

la manecilla de las horas

urushinge rw'amasaha

el minutero

urushinge rw'iminota

el segundero

urushinge rw'amasegonda

¿Qué hora es?

ni isaha ki?

el día

umunsi

la hora

igihe

ahora

nonaha

el reloj digital

isaha y'imibare

el minuto

iminota

la hora

amasaha

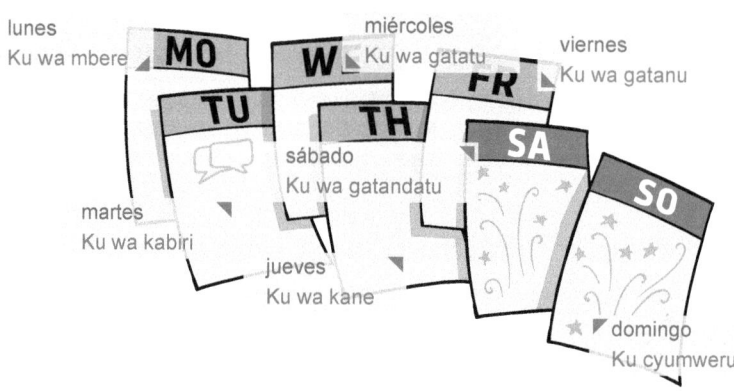

lunes
Ku wa mbere

miércoles
Ku wa gatatu

viernes
Ku wa gatanu

martes
Ku wa kabiri

sábado
Ku wa gatandatu

jueves
Ku wa kane

domingo
Ku cyumweru

ayer

ejo hashize

hoy

mañana

ejo hazaza

la mañana

igitondo

el mediodía

saa sita

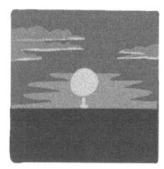

la tarde

ku mugoroba

los días hábiles

iminsi y'akazi

el fin de semana

wikendi

el año
umwaka

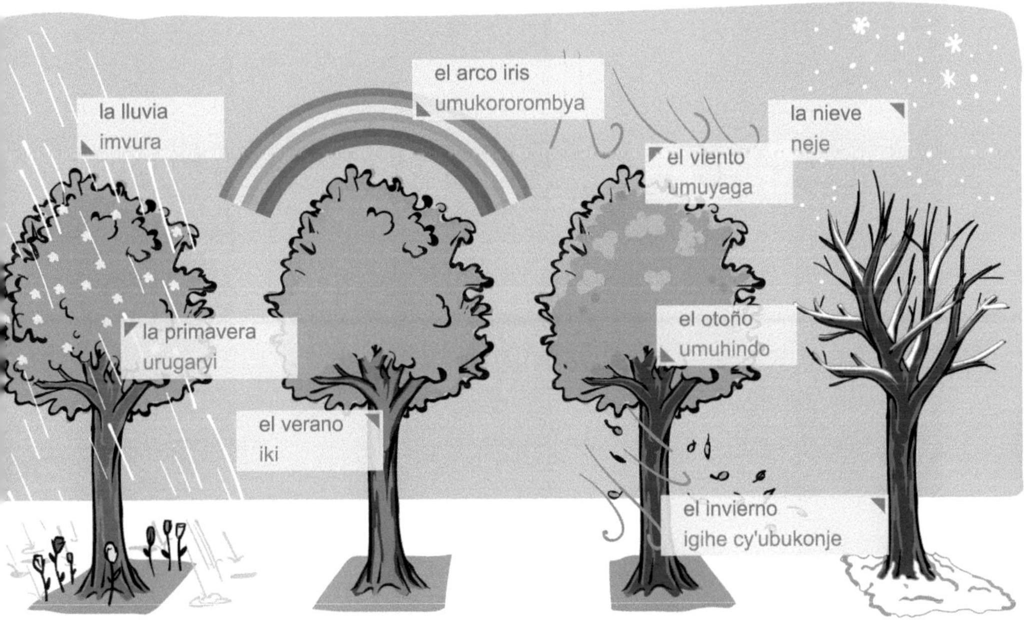

la lluvia
imvura
el arco iris
umukororombya
la nieve
neje
el viento
umuyaga
la primavera
urugaryi
el otoño
umuhindo
el verano
iki
el invierno
igihe cy'ubukonje

4.APRIL 11°
5.APRIL 4°
6.APRIL 13°
7.APRIL 8°
8.APRIL 10°

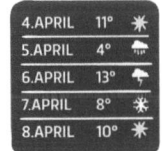

el pronóstico meteorológico

....

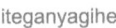

iteganyagihe

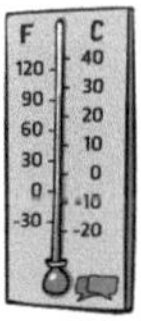

F C
120 40
90 30
60 20
30 10
0 0
-30 -10
-20

el termómetro

....

igipimo cy'ubushyuhe

la luz del sol

....

izuba rirashe

la nube

....

ibicu

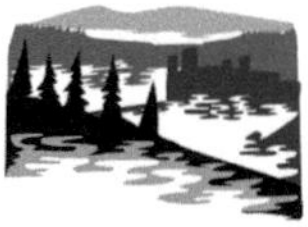

la niebla

....

ibihu

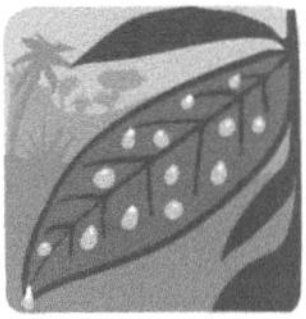

la humedad

....

ububobere

el rayo

umurabyo

el trueno

inkuba

la tormenta

umuhengeri

el granizo

urubura

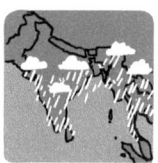

el monzón

imiyaga ihuha iturutse mu
nyanja

la inundación

umwuzure

el hielo

barafu

enero

Mutarama

febrero

Gshyantare

marzo

Werurwe

abril

Mata

mayo

Gicurasi

junio

Kamena

julio

Nyakanga

agosto

Kanama

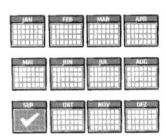

septiembre

Nzeri

octubre

Ukwakira

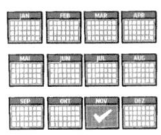

noviembre

Ugushyingo

diciembre

Ukuboza

las formas

amaforoma

el círculo

uruziga

el cuadrado

mpandenye

el rectángulo

urukiramende

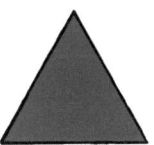

el triángulo

mpandeshatu

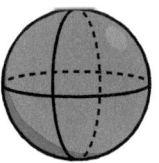

la esfera

umubumbe

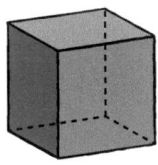

el cubo

kibe

blanco

umweru

amarillo

umuhondo

naranja

oranje

rosa

iroza

rojo

umutuku

violeta

isine

azul

ubururu

verde

icyatsi kibisi

marrón

igihogo

gris

ikigina

negro

umukara

mucho / poco

byinshi / bike

enojado / tranquilo

urakaye / utuje

lindo / feo

mwiza / mubi

el principio / el fin

intangiriro / impera

grande / chico

kinini / gito

claro / oscuro

gikeye / kijimye

el hermano / la hermana

musaza / mushiki

limpio / sucio

gisukuye / cyanduye

completo / incompleto

kirangiye / kitarangiye

el día / la noche

umunsi / ijoro

muerto / vivo

wapfuye / muzima

ancho / angosto

hagari / hafunganye

comestible / no comestible

kiribwa / kitaribwa

malo / amable

umugome / ugwa neza

entusiasmado / aburrido

ushishikaye / warambiwe

gordo / flaco

ubyibushye / unanutse

primero / último

mbere / nyuma

el amigo / el enemigo

inshuti / umwanzi

lleno / vacío

cyuzuye / kirimo ubusa

duro / blando

gikomeye / cyoroshye

pesado / liviano

kiremeye / kitaremereye

el hambre / la sed

inzara / inyota

enfermo / sano

urwaye / ufite amagara
meza

ilegal / legal

kemewe n'amategeko /
kibujijwe n'amategeko

inteligente / estúpido

umunyabwenge / igicucu

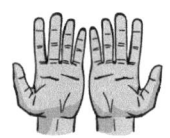

izquierda / derecha

iburyo / ibumoso

cerca / lejos

hafi / kure

nuevo / usado

gishya / cyakoze

nada / algo

nta kintu gihari / hari ikintu gihari

viejo / joven

ushaje / muto

encendido / apagado

atsa / zimya

abierto / cerrado

gifunguye / gifunze

silencioso / ruidoso

ucecetse / usakuza

rico / pobre

ukize / ukennye

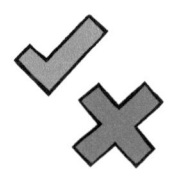

correcto / incorrecto

ni byo / si byo

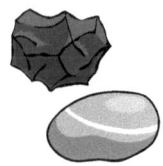

áspero / suave

hahanda / hahehereye

triste / contento

urakaye / wishimye

corto / largo

mugufi / muremure

lento / rápido

urandaga / wihuta

mojado / seco

utose / wumye

caliente / frío

ashyushye / ahoze

guerra / paz

intambara / amahoro

0

cero

zeru

1

uno

rimwe

2

dos

kabiri

3

tres

gatatu

4

cuatro

kane

5

cinco

gatanu

6

seis

gatandatu

7

siete

karindwi

8

ocho

umunani

9

nueve

icyenda

10

diez

icumi

11

once

cumi na rimwe

12

doce
cumi na kabiri

13

trece
cumi na gatatu

14

catorce
cumi na kane

15

quince
cumi na gatanu

16

dieciséis
cumi na gatandatu

17

diecisiete
cumi na karindwi

18

dieciocho
cumi n'umunani

19

diecinueve
cumi n'icyenda

20

veinte
makumyabiri

100

cien
ijana

1.000

mil
igihumbi

1.000.000

el millón
miliyoni

los números - imibare

el inglés

Icyongereza

el inglés americano

Icyongereza
cy'Abanyamerika

el chino mandarín

Igishinwa k'ikimandarini

el hindi

Igihindi

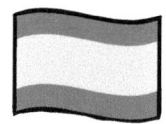

el español

Ikesipanyoro

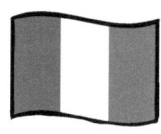

el francés

Igifaransa

el árabe

Icyarabu

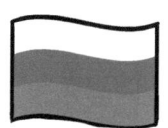

el ruso

Ikirusiya

el portugués

Igiporutigari

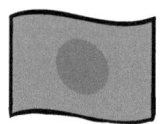

el bengalí

Ikibengari

el alemán

Ikidage

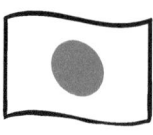

el japonés

Ikiyapani

yo

ge

vos

wowe

él / ella

we / we / we

nosotros

twe

ustedes

mwe

ellos

bo

¿quién?

nde?

¿qué?

iki?

¿cómo?

gute?

¿dónde?

hehe?

¿cuándo?

ryari?

el nombre

izina

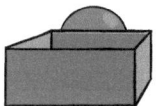

detrás

inyuma

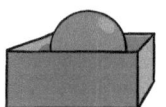

en

mo imbere

adelante de

imbere ya

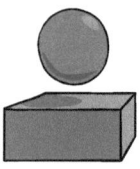

por encima de

hejuru ya

sobre

kuri

debajo de

munsi ya

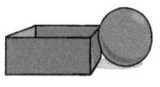

al lado de

iruhande

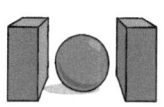

entre

hagati

el lugar

ahantu